Inhalt

In- oder Out? - Die IT-Sourcing-Strategien zeigen zumindest eines: Es gibt keinen langfristigen Trend

Kernthesen

Beitrag

Fallbeispiele

Weiterführende Literatur

Impressum

In- oder Out? - Die IT-Sourcing-Strategien zeigen zumindest eines: Es gibt keinen langfristigen Trend

Harald Reil

Kernthesen

- 2012 war ein IT-Outsourcing-Jahr - oder auch nicht. Bei den Analysten herrscht in dieser Frage nicht gerade Einigkeit.
- Auch viele Unternehmen scheinen in der Frage IT-Outsourcing oder -Insourcing keinen klaren Plan zu haben. Auf Dauer ausgerichtete Strategien lassen sich zumindest nicht erkennen.
- IT-Outsourcing ist in vielen Fällen vor allem

preisgünstiger als Insourcing. Diesem Kostenvorteil stehen allerdings oft auch eine Handvoll Nachteile gegenüber.
- Dazu zählen zum Beispiel eine umständlichere Administration, kommunikative Hürden, interkulturelle Probleme und unflexiblere Arbeitszeiten.
- Aufgrund von Imageproblemen sprechen manche Anbieter mittlerweile gerne von Sourcing statt von Outsourcing.
- Dennoch scheint das Jahr 2013 ein IT-Outsourcing-Jahr zu werden. Die nächste Trendwende wird allerdings nicht lange auf sich warten lassen.

Beitrag

Top ...

In- oder Outsourcing? Ja, was denn nun? Das ist für viele CIOs die Frage. Zumindest scheinen sich IT-Spezialisten nicht gerade im Klaren darüber zu sein, was denn wirklich die bessere Alternative ist. Bei den Analysten herrscht sogar Uneinigkeit darüber, ob das vergangene Jahr für die Outsourcing-Branche top war oder ein Flop. Der Beleg: Eine Studie des in Zürich ansässigen Beratungshauses Active Sourcing führt ins Feld, dass in Deutschland 40 große Outsourcing-Verträge mit Einzelposten von wenigstens zehn Millionen Euro für einen gewaltigen Umsatz in der Branche gesorgt hätten. Das letzte Mal, dass es hierzulande so viele große Deals gegeben habe, sei im Jahr 2006 gewesen. Ganz klar also: Outsourcing war top. Oder etwa nicht? (1), (3)

... oder Flop?

Glaubt man der Beratungsgesellschaft Horses for Sources, dann war 2012 für die Outsourcing-Branche ein Flop. Die Anbieter hätten in Deutschland einen Einbruch von 40 Prozent verkraften müssen. Einig scheinen sich die Experten aber wenigstens in einer Frage zu sein: IT-Outsourcing ist noch lange nicht am Ende. Das Argument von Active Sourcing: So renommierte Unternehmen wie Daimler, Bayer und Allianz hätten sich als Trendsetter hervorgetan. Das dürfte den Anbietern einen zusätzlichen "Boost" verleihen. Das Argument von Horses for Sources und der Beratungsgesellschaft KPMG: 1 355 befragte Manager können nicht lügen. Sie hätten eindeutig den Trend zu mehr Outsourcing bestätigt. Nachzulesen ist das in der gemeinschaftlich veröffentlichten Studie "State of Outsourcing 2013". (1), (3)

Outsourcing ist in der Regel günstiger

Dass IT-Outsourcing nicht am Ende ist, mag stimmen. Denn sein entscheidender Vorteil liegt auf der Hand: Es ist in der Regel wesentlich günstiger als eine interne IT-Administration - vor allem, wenn die Firmen ihren Sitz in Ländern haben, in denen die Lohnkosten niedrig sind. Dieser Vorzug schreckt in der Tat viele Unternehmen ab, das Wissen wieder ins Haus zu holen, da sie hohe Ausgaben zum Beispiel für Neueinstellungen und den Wissenstransfer fürchten. Analysten von der Unternehmensberatung Roland Berger haben allerdings in einer Untersuchung darauf hingewiesen, dass Firmen auch mit Insourcing-Maßnahmen in der Lage wären, beträchtliche Kosten zu sparen, wenn sie zumindest bestimmte IT-Services im eigenen Unternehmen erledigen ließen. (4), (5)

Die negativen Aspekte von Outsourcing

Es gibt aber auch noch ganz andere Gründe, warum manche CIOs den Schritt wagen, die IT wieder ins eigene Unternehmen zu integrieren. Denn so günstig Outsourcing in vielen Fällen auch sein mag, so spricht doch eine ganze Reihe negativer Aspekte dagegen. Dazu zählen in vielen Fällen eine geringere Produktivität, ein größerer Verwaltungsaufwand, Kommunikationsprobleme, die zu Nachbesserungen führen, interkulturelle Unstimmigkeiten, und zwar vor allem dann, wenn die externen IT-Spezialisten von einer Landes- und Firmenkultur geprägt sind, die im krassen Widerspruch zur Arbeitsmentalität des Auftrag gebenden Unternehmens steht, sowie unflexiblere Arbeitszeiten. (4)

Outsourcing mit Imageproblemen

Ein Zeichen dafür, dass die IT-Outsourcing-Industrie durchaus mit Problemen zu kämpfen hat, zeigt sich schon allein an der Namensgebung. Agenturen und Analysten verwenden in letzter Zeit gerne nur noch den Begriff Sourcing, als wollten sie mit dem neutralen Begriff die Imageprobleme der Branche vergessen machen. Marktforscher von HfS, die in Zusammenarbeit mit den IT-Unternehmen Dell, Capgemini und IBM einen Maßnahmenkatalog für erfolgreiches Outsourcing entwickelt haben, machen da keine Ausnahme. Der Titel ihres Handbuches lautet daher auch "Die Sourcing-Industrie-Blaupause 2.0: Die Architektur des Sourcing-Erfolgs". (2)

Die Herausforderungen von Outsourcing

Noch interessanter als die auffällige Namensgebung sind aber die konkreten Herausforderungen, die die Verfasser des White Papers für die (Out-)Sourcing-Branche identifizieren. Dazu zählt der Rollenwechsel vom Kosten-Minimierer zum Partner, der den Unternehmenswert fördern soll; die Ausrichtung der Services am Kerngeschäft des Unternehmens; die Fortbildung des eigenen Personals, damit es in der Lage ist, auch strategische Entscheidungen zu treffen und das Angebot von Lösungen, die das Geschäft des Kunden tatsächlich voranbringen. (2)

Trends

Kein Trend ist auch ein Trend

Welche IT-Strategie Unternehmen in Sachen In- oder Outsourcing fahren, scheint in manchen Fällen von der Persönlichkeit des CIOs abzuhängen oder der Notwendigkeit geschuldet zu sein, sich von dem Vorgänger auf dem IT-Chefposten dezidiert abzusetzen. Wie anders ließe sich sonst erklären, dass sich Outsourcing- und Insourcing-Strategien so schnell abwechseln? Eine langfristige Strategie lässt sich zumindest bei einigen Unternehmen angesichts dieser Voraussetzungen nicht erkennen. (4)

Mut zum Mix: Amerikanische Fertigungsbranche setzt auf In- und Outsourcing

Wenn die US-amerikanische Fertigungsindustrie Vorbildcharakter hat, wird sich auch hierzulande bald ein Mix zwischen In- und Outsourcing-Maßnahmen in Herstellerbetrieben durchsetzen. In den Vereinigten Staaten ist dieser Trend zumindest schon seit Längerem festzustellen. (4)

IT-Personalvermittler stellt Trend zu Insourcing fest

Wie seltsam disparat sich das Bild in punkto IT-Insourcing oder -Outsourcing präsentiert, zeigt die Erfahrung eines Executive Managers von Michael Page, eines international tätigen Personalberatungsunternehmens. Der Manager, der sich auf die Vermittlung von IT-Experten spezialisiert hat, konstatiert bei Firmen einen verstärkten Trend zum Insourcing, räumt aber ein, dass diese Trends ziemlich häufig kommen und gehen, und daher schon in wenigen Jahren Outsourcing wieder die Oberhand gewinnen kann. (6)

Fallbeispiele

General Motors setzt auf IT-Insourcing

General Motors baut mit seinem neuen CIO Randy Mott auf eine IT-Insourcing-Strategie, die ein wenig nach dem Motto klingt "Neue Besen kehren anders". Oder konkreter formuliert: Der IT-Chef, der seit Februar letzten Jahres die Zügel bei dem US-amerikanischen Automobilkonzern auch als Vizepräsident mit in der Hand hält, scheint sich mit dem Kurswechsel von seinem Vorgänger Ralph Szygenda absetzen zu wollen, der genau die gegenteilige Marschroute ausgegeben hat. Motts ehrgeiziges Ziel: 10 000 IT-Experten, die er entweder neu rekrutieren oder ins Haus zurückholen möchte, sollen die IT-Landschaft bei General Motors auf Vordermann bringen. (4)

Thales Group baut auf eine IT-

Outsourcing-Strategie

Till Rausch wird als neuer CIO für die Thales Group, eines Weltmarktführers für die Verteidigungs-, Luft- und Raumfahrtbranche sowie für die Sicherheits- und Transportindustrien, weiterhin konsequent auf eine IT-Outsourcing-Strategie setzen. Rausch, der im April dieses Jahres für Thales als IT-Chef die Arbeit aufnehmen wird, baut auf der Arbeit seines Vorgängers Markus Hupfer fort, der unter anderem durch die Neuvergabe des IT-Outsourcing-Vertrags seinem Unternehmen zu beträchtlichen Kostenersparnissen verholfen hat. (7)

Turnaround vom Outsourcing-Desaster

ProSieben Sat.1 hatten mit ihrer "IT-Qualitätsoffensive - Turnaround vom Outsourcing-Desaster zurück zur Normalität (und darüber hinaus)" schon im Titel ihres Projekts ganz klar gemacht, worauf sie hinauswollten: Ein Großteil ihrer IT sollte zurück ins Haus. Beginnend im letzten Quartal des Jahres 2010, arbeiteten der IT-Verantwortliche Andreas König und 25 Prozent seiner 500 Köpfe zählenden Mannschaft daran, das Vorhaben in die Tat umzusetzen. Das Ergebnis: Rund

30 Prozent der outgesourcten IT-Services sind jetzt wieder direkt bei ProSieben Sat.1 angesiedelt, oder sie wurden an einen anderen Anbieter vergeben. (8)

Weiterführende Literatur

(1) Daimler, Bayer, Allianz
aus CIO - IT-Strategie für Manager, Meldung vom 08.04.2013

(2) Strategie, Innovation
aus CIO - IT-Strategie für Manager, Meldung vom 12.04.2013

(3) Insourcing rückläufig
aus CIO - IT-Strategie für Manager, Meldung vom 19.02.2013

(4) Insourcing von 10.000 IT-Jobs
aus CIO - IT-Strategie für Manager, Meldung vom 25.10.2012

(5) Checkliste IT-Infrastruktur
aus CIO - IT-Strategie für Manager, Meldung vom 14.11.2012

(6) Trends im IT-Arbeitsmarkt
aus CIO - IT-Strategie für Manager, Meldung vom 15.03.2013

(7) Nachfolger startet Mitte April

aus CIO - IT-Strategie für Manager, Meldung vom 02.04.2013

(8) Andreas König, ProSieben Sat.1 Media AG
aus CIO - IT-Strategie für Manager, Meldung vom 11.01.2013

Impressum

In- oder Out? - Die IT-Sourcing-Strategien zeigen zumindest eines: Es gibt keinen langfristigen Trend

Bibliografische Information der deutschen Nationalbibliothek

Die Deutsche Nationalbibliothek verzeichnet diese Publikation in der deutschen Nationalbibliografie; detaillierte bibliografische Daten sind im Internet über http://dnb.d-nb.de abrufbar.

ISBN: 978-3-7379-1298-3

© 2015 GBI-Genios Deutsche Wirtschaftsdatenbank GmbH, Freischützstraße 96, 81927 München, www.genios.de

Alle Rechte vorbehalten. Dieses Werk ist einschließlich aller seiner Teile – z.B. Texte, Tabellen und Grafiken - urheberrechtlich geschützt. Jede Verwertung außerhalb der Grenzen des Urheberrechtsgesetzes bedarf der vorherigen Zustimmung des Verlags. Dies gilt insbesondere auch für auszugsweise Nachdrucke, fotomechanische

Vervielfältigungen (Fotokopie/Mikroskopie), Übersetzungen, Auswertungen durch Datenbanken oder ähnliche Einrichtungen und die Einspeicherung und Verarbeitung in elektronischen Systemen.